Les aver d'Albert et rum

Tous au parc !

Didier Eberlé
André Treper

hachette
FRANÇAIS LANGUE ÉTRANGÈRE

www.hachettefle.fr

Dans la même collection :
Une nouvelle famille • Didier Eberlé • André Treper • niveau A1
Halte aux voleurs ! • Didier Eberlé • André Treper • niveau A1
Chez le vétérinaire • Didier Eberlé • André Treper • niveau A1
Vive les vacances ! • Didier Eberlé • André Treper • niveau A1
Un heureux événement • Didier Eberlé • André Treper • niveau A1
Joyeux anniversaire ! • Didier Eberlé • André Treper • niveau A1

Couverture et maquette intérieure : Anne-Danielle Naname

Mise en pages : Anne-Danielle Naname — Laurine Caucat

Illustrations : Didier Eberlé

Enregistrements : Studio Quali'sons, David Hassici

Imprimé en Espagne par Cayfosa Impresia Ibérica

Dépôt légal: décembre 2015 - Collection nº 47 - Édition 01 - 89/5933/5

ISBN : 978-2-01-401606-2
© Hachette Livre 2016, 58, rue Jean Bleuzen,
92 178 Vanves Cedex www.hachettefle.fr

Tom est un grand garçon maintenant,
il a trois ans ! Il aime courir dans l'appartement
et faire des bêtises avec Albert et Folio.

Tom adore monter sur le dos d'Albert.
Albert est très fier :
– Je suis très fort. Tom ne monte plus sur
son cheval en bois, il préfère monter sur mon dos !

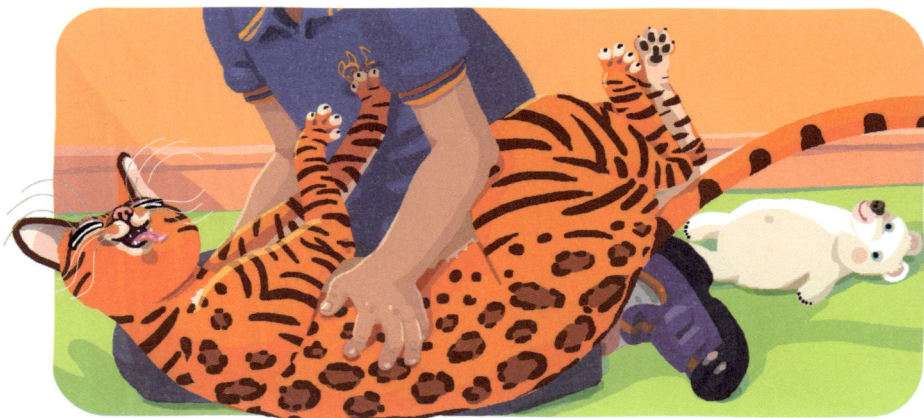

Folio fait des gros câlins à Tom.
Elle est très douce avec lui :
– Tom ne câline plus son ours en peluche,
il préfère les câlins avec moi !

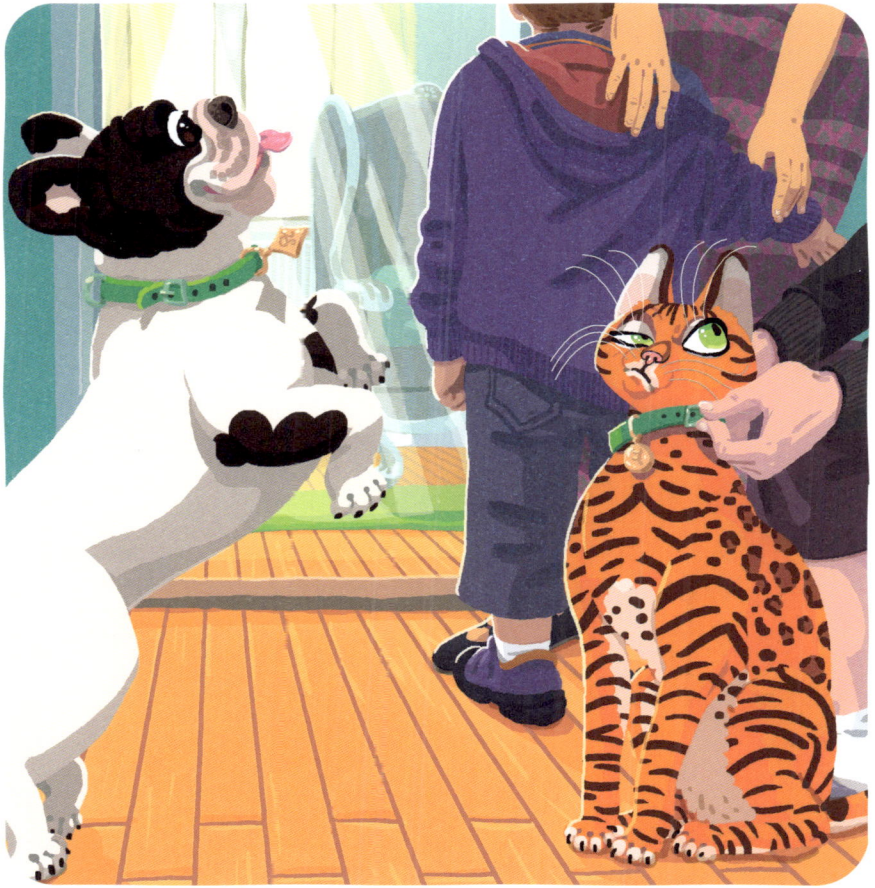

Aujourd'hui, il fait très beau. Jules et Alice
ont décidé d'emmener toute la famille au parc.
Albert saute de joie.
– C'est super, on sort tous ensemble. D'habitude,
Folio ne vient pas avec nous.
Folio est surprise.
– C'est bizarre, on sort tous ensemble. D'habitude,
je reste ici pour surveiller l'appartement.

Albert a un gros nez. Dans la rue, il y a plein
de bonnes odeurs.
– Je connais ce chemin… On est sur la route
du parc !! De gros chiens sont passés par ici,
je sens leur odeur !

Folio a un tout petit nez. Dans la rue, il y a plein de mauvaises odeurs.

– Pouah… ça sent mauvais ! Il faut nettoyer la rue avec le shampooing de Tom. Il sent bon les fleurs.

Folio est dégoûtée :
– Albert est un gros cochon. Il fait pipi partout.
Pourquoi il ne fait pas pipi comme moi,
dans une caisse qui sent bon ?

Tom veut faire pipi contre un arbre,
comme Albert. Mais Jules n'est pas d'accord :
– Non, non, non !!! Si tu veux faire pipi, tu vas aux
toilettes, comme un grand !

Enfin au parc ! C'est là qu'Albert vient courir
et jouer avec Jules ou Alice. Mais Folio ne connaît
pas le parc, elle est un peu inquiète :
– Miaou ! Hou la la, attention ! Il y a peut-être des
animaux dangereux cachés derrière ces grands
arbres...

Albert rencontre un tout petit chien.
– J'ai peut-être des petites pattes mais à côté
de ce chien, je suis un géant !

Un grand chien arrive pour dire bonjour à Albert.
– Mais à côté de ce grand chien, je suis un tout
petit géant.

Un joli papillon passe sous le nez de Folio
et se pose dans un arbre. Curieuse, Folio saute
très haut sur une branche pour l'observer.
– Il est bizarre cet oiseau ! Comme il est beau…

Le papillon est parti mais Folio veut grimper
le plus haut possible. Elle peut tout surveiller
et faire la belle.
Alice grimpe sur les épaules de Jules pour essayer
d'attraper Folio :
– Allez, Folio, descends maintenant,
on va pique-niquer.

Folio est enfin descendue. Grimper aux arbres,
ça donne très faim.
Albert aussi a très faim.
– Qu'est-ce qu'on va manger aujourd'hui ?
D'habitude, je trouve un peu de pain par terre.
Mais les pigeons et les canards mangent tout.

Albert est très content. Alice, Jules et Tom
mangent assis par terre. Il peut admirer
les sandwichs au fromage et les cuisses de poulet.
– Tout sent vraiment très bon… J'espère que Jules
et Alice ont pris quelque chose pour moi.

Folio a trouvé une super cachette sous la nappe.
Elle s'amuse beaucoup.
– L'herbe, c'est rigolo. Ça fait des chatouilles.
Je veux de l'herbe partout dans l'appartement.

Jules et Alice ont un petit cadeau pour Albert :
– Super, un bel os, je vais le croquer tout de suite !
Et puis après, je mangerai un sandwich
comme Tom. Et puis une cuisse de poulet…

Jules et Alice ont un petit cadeau pour Folio :
– Miaou ! Super, un beau poisson. C'est meilleur
que mes croquettes ! Et puis après, je mangerai
un sandwich comme Tom. Et puis une cuisse
de poulet…

Tout le monde a bien mangé. C'est l'heure
de la sieste au soleil. Albert ronfle.
Folio, elle, garde un œil ouvert.
– C'est moi qui protège la famille.
Mais Folio ne voit pas arriver la bête étrange
qui saute dans le sac à dos de Jules…

Dans le sac de Jules, la bête fait beaucoup
de bruit et mange le bon pain. Folio se retourne
et voit une énorme queue.
– À l'aide ! Une grosse bête nous attaque !
Il faut se cacher, Alice !
Folio tire très fort sur sa laisse et réveille
toute la famille.

Albert se réveille en une seconde. Il ne comprend
pas très bien ce qui se passe.
– Au secours ! Jules, Alice, Tom, il faut partir !
Un monstre nous attaque !
Albert tire très fort sur sa laisse et court
derrière Folio.

Albert et Folio ont trouvé une cachette.
Mais ils ne sont pas très bien cachés.
– Hi ! Hi ! Hi !
C'est un tout petit écureuil avec une grosse
queue. Il n'est pas dangereux mais il est très
rapide !

Albert a peur d'être dévoré.
– C'est peut-être un méchant monstre qui mange
les gentils chiens...

Folio a peur d'être croquée.
– Miaou miaou. C'est peut-être un horrible
monstre qui mange les gentils chats...

Albert et Folio sortent de leur cachette.

Alice et Jules rigolent bien avec Tom.

– Ha ! Ha ! Ha ! C'est mignon un écureuil.

– Vous n'êtes pas très courageux tous les deux…

Albert et Folio ne sont pas contents :

– C'est pas vrai, on est courageux !

– On a déjà fait peur à des voleurs à la maison.

Dans le parc, des gens jouent à la pétanque.
Pour gagner, il faut lancer les grosses boules
tout près de la petite balle orange.
Albert ne comprend pas bien le jeu.
– Ils sont bizarres… ils lancent des balles
et personne ne va les chercher.
Folio ne comprend pas non plus :
– Ils sont bizarres… ils lancent des boules de sapin
de Noël. Mais ce n'est pas Noël…

Albert aussi veut jouer à la pétanque.
– Je vais rapporter toutes les balles,
les gentils messieurs vont être contents.

Mais Jules n'est pas d'accord :
– Arrête de tirer sur ta laisse Albert.
Les chiens ne peuvent pas jouer à la pétanque.

Tom lâche la main de sa maman. Il court vite
et bing, il donne un coup de pied dans la petite
balle orange. Maintenant, c'est Alice qui n'est pas
contente.
– Oh non, Tom ! Ce n'est pas bien ! Si tu veux,
maman a apporté un ballon, on va jouer ?

Jules et Alice demandent pardon aux joueurs
de pétanque. Albert et Folio veulent jouer
à la balle avec Tom :
– Tom a super bien joué. Il a envoyé la balle
très très loin.
– Quand il sera grand, il sera champion
de pétanque.

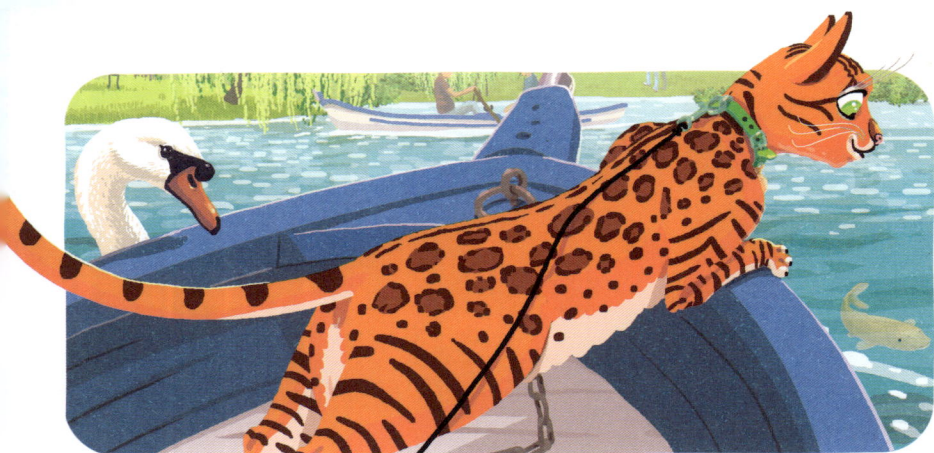

Dans le parc, il y a un petit lac. C'est super,
on peut faire de la barque. Folio s'amuse
beaucoup à l'avant :
– Miaou ! Le vent rentre dans mon nez, ça
chatouille mes moustaches… Il y a des poissons ici ?

Albert s'amuse un peu moins à l'arrière.
– Hou la la, j'ai un peu mal au cœur moi…
je veux descendre de la barque !

Tom est content. C'est la première fois qu'il monte sur une barque. Il s'amuse, il met les mains dans l'eau. C'est froid !
Folio est heureuse :
– Tom est très fort. Avec ses mains, il va peut-être attraper un poisson pour moi…

La promenade est finie. Tout le monde descend
de la barque mais Folio saute à l'eau :
– Miaou ! Qui a dit que les chats n'aiment pas l'eau ?
Moi, j'adore l'eau ! Je ne suis peut-être
pas un chat… Je suis un tigre.

Tom s'amuse bien. Il joue avec une petite fille
dans le bac à sable.
Folio regarde Tom :
– Ils sont mignons tous les deux. Tom a peut-être
trouvé une amoureuse !
Albert regarde aussi Tom :
– C'est beau l'amour ! Tom va peut-être se marier !
Comme ça, on ira tous au restaurant.

C'est l'heure de rentrer à la maison.
Tom dit au revoir à sa copine. Folio vient faire
un câlin à la fillette :
– Au revoir, princesse. Fais de beaux rêves
et n'oublie pas Tom !

Dans la rue, c'est Tom qui tient la laisse d'Albert.
Il est tout fier. Albert aussi :
– C'est la première fois que Tom tient ma laisse.
Avec Jules et Alice, je tire toujours très fort pour
les embêter un peu. Avec Tom, je suis très sage.

Toute la famille s'est bien amusée au parc.
Tom, Jules et Alice regardent un dessin animé
à la télévision.
Albert se repose dans son panier :
– Avec Tom, nous sommes les champions
du monde des bêtises.
Folio se repose sur les genoux de Jules,
son coussin préféré :
– Moi, je suis surtout la championne du monde
des câlins.